# Ángeles

## 100 Preguntas y Respuestas

# Ángeles
## 100 Preguntas y Respuestas

Grupo Editorial Tomo, S. A. de C. V.
Nicolás San Juan 1043
03100 México, D. F.

1a. edición, junio1998.
2a. edición, diciembre 1998.
3a. edición, agosto 1999.
4a. edición, mayo 2000.
5a. edición, octubre 2001.


Nicolás San Juan 1043, Col. Del Valle
03100, México, D.F.
Tels. 5575-6615 • 5575-8701 y 5575-0186
Fax. 5575-6695
http://www.grupotomo.com.mx
ISBN: 970-666-026-7
Miembro de la Cámara Nacional
de la Industria Editorial No. 2961

Diseño de portada: Emigdio Guevara
Supervisor de producción: Leonardo Figueroa



*Impreso en México - Printed in Mexico*

# Introducción

La palabra ángel, significa simplemente "mensajero" y debería de aplicarse exclusivamente a una cierta categoría de espíritus celestiales, todos ellos entidades luminosas que pertenecen al plano del sentimiento y por encima de todo servidores del Creador.

Los ángeles existen desde el principio de los tiempos; son espíritus puros creados por Dios para servirle y para servir al bien. Son portadores del mensaje divino, consejeros, testigos, protectores; pero pueden ser igualmente agentes del castigo divino cuando el hombre se aparta del camino recto.

Las legiones de ángeles se ocupan de ayudar a los humanos colaborando en el gobierno y buena marcha del Universo. Cada una de estas legiones tiene, por así decirlo, diferentes tareas asignadas y específicas, entre las que por ejemplo destaca la de los ángeles guardianes o de la Guarda.

Se cree que la aparición del Ángel de la Guarda está muy relacionada con la tradición cristiana y con la necesidad de ofrecer protección a los recién nacidos, a los niños y a aquellos seres humanos que guardan en sí la pureza de la ingenuidad y que apenas se valen por sí mismos.

Existen diversos puntos de vista sobre los ángeles guardianes, y quizá sean los que más llaman la atención a los estudiosos del tema. La maestra ascendida Carola de Goya se refiere con estas palabras al ángel de la guarda:

"El día de tu nacimiento te fue colocado un Ángel Guardián, quien desde ese instante hasta el presente te acompaña. Debes saber que, desde que entraste a evolucionar en el Reino Humano, en cada una de tus encarnaciones tu Ángel Guardián siempre es el mismo, te acompañará en tu evolución guiándote hasta el día de tu ascensión. Es un gran consuelo saber que contamos con este gran amigo en los momentos de aparente soledad".

En realidad, podemos creer que todos nosotros, incluso todos los seres vivos que pueblan la Tierra, disfrutan de la protección de espíritus celestiales que permanecen en estrecha comunicación con el Ser Supremo. Sin embargo, la acción de estos espíritus, la explicación de sus actos o la ausencia de estos seres es algo que se escapa a la comprensión del hombre.

# Ángeles
## *100 Preguntas y Respuestas*

### 1. ¿Qué son los ángeles?

R.—Aunque la palabra ángel viene del latín *angelus,* denota un ente sobrenatural de instintos bondadosos, su significado bíblico estricto es "mensajero". El primer ángel mencionado en la Biblia aparece en *Génesis* 16 como un mensajero enviado por el Señor a Hagar para anunciarle que daría a luz a Ismael.

Las primeras referencias sobre ángeles, posiblemente fueron tomadas de, o al menos influidas por los mensajeros sobrenaturales de dioses hititas y cananeos, no coinciden con el concepto de seres alados tan popular en nuestra época.

Los ángeles del Antiguo y Nuevo Testamento, eran a menudo indistinguibles de los seres humanos, con quienes se les confundía con frecuencia. Incluso Gabriel, el mensajero enviado a Daniel para ayudarle a interpretar sus sueños, se presenta bajo apariencia humana salvo por el hecho de que fue visto en ligero vuelo, A veces, un resplandor concreto alrededor del ángel traicionaba su origen sobrenatural, pero otras veces esa naturaleza esencial era sólo constatada al término de una visitación.

Los ángeles son seres que pertenecen a una corriente de evolución distinta a la nuestra, eran humanos en una encarnación previa de la Tierra llamada Período Lunar. Son expertos en la manipulación del éter, ya que su cuerpo más denso está hecho de esta sustancia y por lo tanto, son los instructores apropiados del hombre, animales y vegetales respecto a sus funciones vitales; propagación y nutrición.

Como viven en el mundo del pensamiento se desplazan con rapidez instantánea. Siempre están dispuestos a ayudar. De su corazón emanan dos rayos potentísimos de luz, dirigidos hacia sus espaldas, que semejan alas.

Los ángeles son seres de luz que evolucionan mediante el servicio. Son conocidos por numerosas religiones como el Hinduismo, el Islamismo, el Cristianismo, el Zoroastrismo y el Judaísmo. Se agrupan en Coros denominados: Serafines, Querubines, Tronos, Dominaciones, Potestades, Virtudes, Principados, Arcángeles, y Ángeles. Se conocen coros angélicos que evolucionan sirviendo al hombre como los ángeles de la vía, de la transportación, de la mecánica y de cada uno de los Siete Rayos.

Existe gran cantidad de ángeles rodeando a los seres humanos para ayudarlos; ellos sólo esperan que se les llame y se les dé una orden para atenderla, o mejor dicho, que se les haga una petición.

## 2. ¿Desde cuándo existen los ángeles?

R.—Los ángeles existen desde el principio de los tiempos; son espíritus puros creados por Dios para servirle y para servir al bien. Son portadores del mensaje divino, consejeros, testigos, protectores; pero también agentes del castigo divino cuando el hombre se aparta del camino recto.

El pensamiento de la Nueva Era refleja la creencia bíblica de que determinados ángeles tienen a cargo hasta cierto punto a diversos países, zonas geográficas y del conjunto del planeta.

**3. Además de las mencionadas, ¿qué otras tareas justifican que habiten entre nosotros?**

R.—Su presencia en esta Tierra se justifica porque entre nosotros también está presente el mal. Para la tradición cristiana, absolutamente todos los ángeles eran puros y buenos en un principio, pero el Creador quiso ponerlos a prueba. De tal prueba, algunos salieron triunfantes y otros desafiaron y se resistieron a los designios de Dios, y los condenó por ello a seguir hasta el fin de los días el camino de la obscuridad, el del mal, al sufrimiento del infierno.

## 4. ¿Qué son los arcángeles?

R.—Arcángeles y principados, junto con los ángeles, forman la tercera tríada, la más cercana a la Tierra, al mundo material. Es su campo de acción, pues, el mundo de los seres humanos, sin que ello sea óbice para que extiendan su influencia al mundo de los espíritus.

El cristianismo les rinde culto, los denomina santos y establece un día del año para celebrar su festividad. A ellos se dirige el creyente para pedir su favor, la intercesión divina ante la adversidad.

Asimismo, los arcángeles son una categoría superior de ángeles dentro de los coros angélicos. De acuerdo a la metafísica, los Siete Arcángeles de los Siete Rayos con sus complementos Divinos son:

1. Miguel y Fe
2. Jofiel y Constanza
3. Chamuel y Caridad
4. Gabriel y Esperanza
5. Rafael y Regina

6. Uriel y Gracia
7. Zadquiel y Amatista

Los arcángeles son seres de una corriente evolutiva distina a la nuestra, fueron humanos en una encarnación previa de la Tierra, llamada Período Solar, cuando nosotros éramos semejantes a plantas. Son hábiles manipuladores del elemento llamado Materia de Deseos, ya que su vehículo más denso está hecho de esta substancia. Trabajan con la humanidad como espíritus raciales de los pueblos. Grados inferiores de estos seres gobiernan a los animales como espíritus grupo.

Son también mensajeros, por supuesto, pero no se limitan a cumplir estrictamente con el mandato divino. Acompañan al hombre, lo aconsejan, lo protegen y le transmiten esperanza. Además, algo poco frecuente entre los espíritus celestiales, poseen un nombre que se puede pronunciar e invocar.

Los arcángeles son angeles dotados de una capacidad superior de comunicación con el hombre. Adoptan figura y hábitos humanos, el habla y sus costumbres, y los distingue una presencia que emana bondad, claridad y belleza. Y aunque los designios de Yahveh son inescrutables, parece ser que su función es la de llevar la palabra, el mensaje de la esperanza, para que perdure la fe.

## 5. ¿Qué son los principados?

R.—A pesar de aparecer en varias ocasiones en los textos del Nuevo Testamento, no queda muy claro qué son en realidad y qué funciones desempeñan los principados junto al hombre y el reino de los cielos.

Como ángeles, están por encima del espíritu mortal de los hombres, a quienes, no obstante, por ser creación de Dios, deben respeto. No son meramente mensajeros —no aparecen como tales en las Escrituras— ni espíritus dedicados a la protección, aunque se supone que influyen en el destino de los pueblos.

Algunos autores han querido interpretar que vienen a ser algo así como los ángeles de la guarda de pueblos y naciones; más aún, creen que influyen decisivamente en el destino de la sociedad, hacia un sentido u otro.

¿Por qué —arguyen estos teóricos— en determinados países triunfa una ideología materialista, atea y pagana y en otros lugares no? Por influencia de los principados, responden; eso sí, no alcanzan a dar con la explicación, con el por qué un pueblo merece ese o tal castigo y el vecino ya no.

## 6. ¿Siempre ha aceptado la Iglesia Católica la existencia de un ángel guardián?

R.—Hacia el siglo II, después de Cristo, prevaleció el punto de vista católico según el cual todo hombre y mujer (especialmente los niños) tenían un Ángel de la Guarda a su lado. Muchos creían que cada ser humano tiene un ángel bueno y uno malo que equilibran nuestros actos. Todavía se continúa enseñando a los niños católicos que existe un ángel bueno sobre su hombro derecho y uno malo sobre su hombro izquierdo y que debemos escoger a cada instante la voz que nos dicte cada uno.

Sin embargo, la Iglesia nunca ha declarado de manera oficial que los ángeles pecaron y se convirtieron en demonios, ni ha establecido con carácter de dogma que todos los hombres poseen un ángel guardián ni que los ángeles están divididos en categorías.

## 7. ¿Quién es Azrael?

R.—Es el ángel de la muerte (Talmud).

## 8. ¿Qué es el Cielo?

R.—El Cielo, según se cree, se divide en tres secciones: el primer cielo, situado en las tres Regiones más elevadas del mundo del Deseo; el segundo, que está en la Región del Pensamiento Concreto; y el tercero, que se encuentra en la más elevada Región del Mundo del Pensamiento. En este estado de consciencia el Ego goza y asimila la quinta esencia de todo lo bueno realizado en la Tierra.

## 9. ¿Quiénes son los demonios?

R.—En la antigua Grecia existían ciertas entidades o genios (deamon) intermediarias entre el hombre y los dioses, entidades benignas o malignas que de alguna manera corresponden a los ángeles buenos y malos de la simbología cristiana. Para la tradición cristiana, todos los ángeles eran puros y buenos en un principio, pero el Creador quiso ponerlos a prueba. De ella, unos salieron triunfantes y otros desafiaron y se resistieron a los designios de Dios, y los condenó por ello a seguir hasta el fin de los días el camino de la obscuridad, el del mal, al sufrimiento del infierno.

## 10. ¿A quién obedecen los demonios?

R.—Los demonios, los ángeles caídos o los espíritus del mal y las penumbras, obedecen a un ser superior, el Diablo, conocido también como Satán (nombre que quiere decir el enemigo o el malvado), como Lucifer (que significa *el brillante*) y como Belcebú.

## 11. ¿Por qué si perdieron la gracia de Dios, no perdieron también sus poderes?

R.—Los ángeles caídos perdieron la gracia otorgada por el Creador, pero incluso así conservan buena parte de los dones y los poderes concedidos a todos los ángeles, que distingue como superior a su naturaleza de la de los hombres.

## 12. ¿De qué manera afectan los demonios al hombre?

R.—Los demonios, además de enfrentarse a los ángeles, ejercen su labor también en el mundo terrenal, pues pueden tentar al ser humano con mil engaños y se esfuerzan por conducirlo por el camino torcido del mal. Tienen la capacidad, según esta tradición, de provocar graves trastornos en las facultades humanas, por medio de la obsesión y la posesión, y disfrutan de un cierto poder sobre la naturaleza material, poder que les permite realizar prodigios. Encarnan así, a los demonios del mal, la maldad de la naturaleza y la que alberga el hombre en su interior.

## 13. ¿Por qué entonces Dios permite su existencia?

R.—La existencia de los demonios es inevitable, pues de otro modo no se comprendería que un mundo creado por Dios fuera capaz de generar pasiones y sucesos negativos. Se han enfrentado, y se enfrentan todavía, a los ángeles de la corte celestial y son también los guardianes de los infiernos, guías abyectos en el momento de la muerte.

## 14. ¿Qué son los Amsaspendas?

R.—El mazdeísmo es la religión de Ahura Mazda, dios del bien y creador del mundo, revelada a Zaratustra en el siglo VII A.C. El Avesta es su libro sagrado y los fragmentos que se conservan de dicho manuscrito contienen enseñanzas que suelen presentarse en forma de diálogo entre el dios del bien y el profeta Zaratustra, quien por su parte afirmaba que gobernaban el mundo dos fuerzas o deidades opuestas: Ahura-Mazda (Ormuzd), el dios del bien, y su hermano gemelo caído, Angra-Mainyu (Ahriman), dios del mal.

Al final de los tiempos, Ahura-Mazda debería comandar un ejército de espíritus buenos, encabezados por seis amsaspendas (ángeles, espíritus protectores), para hacer frente y vencer a las hordas de Ahriman, el mal, y sus secuaces, espíritus de la obscuridad. Mientras, sobre la Tierra, un divinizado Zaratustra encabezaría los yazatas terrestres para imponer el bien sobre el mal, la luz sobre la obscuridad.

De esta manera, se considera que los Amsaspendas son los precursores de los ángeles de la tradición judeocristiana, con funciones y atributos distintos en unos y otros, por supuesto, atendiendo a las diferencias culturales.

En la antigua Persia se les invocaba para que protegieran ante las calamidades naturales, las enfermedades, los accidentes, ante el mal, en resumidas cuentas.

## 15. ¿Cuántos eran y cómo se clasifican los Amsaspendas?

R.—Eran seis los amsaspendas de la corte celestial de Ahura-Mazda:

—*Bahman*, que significa "el buen pensamiento" y que es el protector de los animales útiles.

—*Ardibihist*, es decir, "la mejor virtud", consagrado como protector del fuego (con el fuego, se simboliza al dios Ahura-Mazda, por lo que en sus templos permanece constantemente encendida una llama, cuidada por algunos sacerdotes).

—*Sha Rivir*, "el imperio deseado", ángel protector a quien se le encomiendan los metales;

—*Sipendarmid*, "el abandono generoso", quien vela por la Tierra, para que sea fértil y devuelva aumentado lo que en ella se cultive.

—*Jurdad* "la salud", quien abarca con su manto las aguas, para mantenerlas limpias.

—*Murdad,* "el inmortal", bajo cuya custodia están las plantas, el mundo vegetal.

## 16. ¿Qué es un Deva?

R.—*Devas,* palabra de origen sánscrito con la que se designa una deidad de inferior categoría. Un deva se considera un dios, un ángel, un genio celestial, bueno o malo.

Estas divinidades de segundo orden, son seres espirituales y de bondad que se han materializado en los fenómenos luminosos de la naturaleza, estrechamente ligados asimismo, a la vida: el sol, el día, la aurora, la luna y el relámpago, así como al fuego y a los elementos ígneos del sacrificio.

Los *devas* no son eternos; su poder es reducido y específico, dirigido hacia los aspectos de la naturaleza que entran en relación con el hombre. También están sometidos a las leyes del karma, como los seres humanos, y pueden ser destronados por el fervor de los ascetas.

Los devas han obrado maravillas en la naturaleza: un campo yermo lo convierten en fértil; tranforman una tormenta en una lluvia, e incluso, pueden interceder ante los animales de una plaga para que no destruyan la tierra sembrada.

## 17. ¿Cuál es el reino de los ángeles y los arcángeles?

R.—Es el Cuerpo Emocional, este cuerpo fue creado de la sustancia del Mundo Emocional o Sentimental, el cual es el Reino de los arcángeles y de los ángeles. Su propósito es irradiar e intensificar la Naturaleza de Dios y cada virtud divina de felicidad, pureza, misericordia, perdón y paz.

## 18. ¿Qué dice la Biblia sobre los arcángeles?

R.—La Biblia dice que el trono de Dios está rodeado por siete arcángeles, que son los siete espíritus de Dios, cada uno de los cuales sustenta una lámpara de fuego encendida, ardiendo eternamente ante su santa presencia. Sabemos que en sus comienzos estos arcángeles fueron ocho (los que forman la guardia celestial), pero posteriormente hubo uno que fue infiel y este coro quedó reducido a siete.

Los nombres de estos siete arcángeles son poco conocidos en la Tierra, apenas sabemos de sus visitas a este planeta a través de la Biblia y gracias a ella conocemos los nombres de Miguel, Gabriel y Rafael.

## 19. ¿Qué misión tienen los siete arcángeles?

R.—Como ya se dijo antes, trabajan con la humanidad como espíritus raciales de los pueblos. Son muchísimos, pero hay siete dedicados a mantener encendida cada una de las siete llamas que rodean el trono del Altísimo. Como ya se sabe, estas llamas contienen virtudes y poderes divinos y aunque todas poseen los mismos poderes y virtudes, cada llama sobresale en uno o varios de estos aspectos y poderes de Dios.

## 20. ¿Cuáles son estas siete llamas?

R.—La primera llama, correspondiente al Domingo, es azul zafiro; la segunda, Lunes, es amarillo oro; la tercera, que corresponde al Martes es rosada; la cuarta, al Miércoles es blanca; la quinta del jueves, es verde esmeralda; la sexta, del viernes, es oro-rubí y la séptima que corresponde al Sábado, es color violeta.

Cada llama tiene uno o varios Templos en el Plano Etérico, por encima de la atmósfera terrestre, o en el propio plano terrestre, generalmente en la cima de altas montañas o en su interior. Cada ejemplo tiene su jerarca y siempre es uno de estos seres cósmicos.

## 21. ¿Qué son los seres cósmicos?

R.—De acuerdo a la metafísica, cada arcángel, gran maestro ascendido y elohim tiene su complemento o alma gemela. Los antiguos llamaron Dioses a estos seres ascendidos, o mejor dicho, evolucionados, hasta alcanzar la alta jerarquía que hoy ostentan. Por lo que son justamente, Dioses Menores, colaboradores del Dios Único y —como nosotros— supeditados a Él. Para evitar confusiones, podemos llamarlos seres cósmicos.

## 22. ¿Quién es el Arcángel Miguel?

R.—El Arcángel Miguel es citado en la Biblia como el Príncipe Miguel y es el más conocido de todos los Arcángeles. Su nombre en hebreo significa "¿quién como Dios?" Es el guardián de la fe y protector contra el mal. Tiene el cabello rubio y magníficos ojos azules. Los millones de oraciones dirigidas a él le han atraído muy cerca de la Tierra.

El culto al arcángel san Miguel se inició en el Próximo Oriente y se extendió hacia el siglo V de nuestra era, por la zona de influencia bizantina y, de allí, al resto de Europa. En el siglo XVII sirvió como bandera de la Contrarreforma para luchar contra el protestantismo.

Se suele representar a Miguel alado, de pie, erguido, ya sea en tierra o en el aire, y a menudo con casco y armadura. Sus armas son la lanza, la espada de fuego y el escudo. Y es frecuente que aparezca con la cabeza cortada del dragón en la mano, todo un símbolo de su lucha, y de la victoria sobre el mal.

Ostenta una serena y espléndida actitud de fe y confianza en Dios. Constantemente responde a las necesidades de las personas que sufren y le invocan. De su libre albedrío escogió ser el guardián de la fe del hombre en su dios, al comienzo de la encarnación humana sobre la Tierra.

A todo el que implore su ayuda él envía uno de sus asistentes celestes, si no se presenta él mismo.

El arcángel Miguel ha sido erigido en el gran defensor de la Iglesia. Es el luchador incansable contra las fuerzas del mal, vencedor ante Lucifer, es un santo caballeresco y militar, como podría serlo San Jorge, aunque es, además, centinela y guardián.

Bajo su responsabilidad se hallan las almas de los difuntos y él es quien las pesará el día del Juicio Final, una tradición que nos acerca al Hermes griego o al Anubis egipcio.

Miguel dispone también en la literatura sagrada de un aura de ángel sensible y atento a los ruegos y peticiones de los hombres.

Asimismo, el arcángel San Miguel se ha asociado más que a las grandes causas o las grandes batallas de los hombres, a aquellos que, en silencio y con humildad, pugnan por hallar la verdad y la bondad por sí mismos, en silencio, frente a un mundo dominado por el ateísmo y el materialismo. Es, un ángel a quien recurrir cuando uno se siente desesperado o sin esperanza.

## 23. ¿Qué son los Dhyan-Chohans?

R.—En sánscrito, son los dioses o devas más elevados correspondientes a los arcángeles de la religión cristiana, literalmente significa"los señores de la luz".

## 24. ¿Qué son los Dhyanis?

R.—Son espíritus angélicos.

## 25. ¿Cuándo y cómo surgió el mal?

R.—Después de crear a los ángeles, Dios creó a los humanos y ordenó a los ángeles que se inclinaran ante la humanidad, reverenciándola y protegiéndola. Según ciertos relatos, esto dio origen a la batalla del cielo y a la caída de Satánas que, orgulloso y celoso, se negó a acatar la orden. Otras leyendas cuentan que los espíritus demoníacos existían mucho antes de la creación de Adán y Eva.

El Nuevo Testamento se refiere a la guerra que se libró en el cielo y en la que Miguel y sus ángeles guerreros lucharon contra el dragón, Satanás y sus hordas del mal, y cómo la serpiente, que engañó a todo el mundo, fue arrojada a la Tierra y un ejército de ángeles llovió del cielo.

Todas las religiones poseen figuras satánicas o demoníacas que mienten, engañan o tergiversan la verdad y tientan a la débil humanidad por medio del temor, la vanidad, la duda, la lujuria y la avaricia.

## 26. ¿Qué hacen los espíritus caídos?

R.—Los espíritus caídos, los ángeles del mal, tientan a los demás ángeles y los seducen, acusan a los hombres ante Dios y, al parecer, son los encargados de ejecutar las órdenes de Dios respecto a los pecadores condenados al castigo eterno.

## 27.—¿Quién es el Diablo?

R.—Es el espíritu del mal que ocupa un lugar central en los panteones de todas las mitologías y religiones y cuyas características, aunque fundamentalmente las mismas, varían de acuerdo a las naciones y a las épocas.

## 28.—¿Quién es Lucifer?

R.—En un principio el ángel más amado de Dios, Lucifer se rebeló, y con muchos otros rebeldes fue arrojado de los cielos. Se encuentra en el infierno, en donde se le conoce también como Satanás.

## 29. ¿Qué hacía Satanás antes de ser un ángel caído?

R.—En La Biblia Satanás sólo aparece como adversario a partir del zoroastrismo, después del exilio de Babilonia. Antes de eso aún estaba en la Corte Celestial sirviendo a Dios. En el Libro de Job, Satanás actúa como camarada de Dios, sembrando dudas y desafiando el juicio de Dios, para demostrar el poder y la bondad del señor. De tal manera que fue la influencia de Babilonia la que determinó que Satanás se convirtiera en una fuerza antagónica, casi tan grande como la de Dios.

## 30. ¿Quién es el Arcángel Chamuel?

R.—Es el arcángel del amor, adoración y devoción a Dios. Él y su divino complemento "caridad" están consagrados al desarrollo, en la consciencia exterior de los humanos, de la gratitud y adoración a su origen —Dios— y a estimular el desarrollo de la Llama Rosa, que permanece ignorada dentro del corazón humano.

Chamuel es un ser de luz trascendental que ha servido durante muchos eones en los niveles interiores enseñando a las Huestes Angélicas la manera de acelerar sus propias llamas en alabanzas a la deidad.

Chamuel y Caridad tienen un templo glorioso en los niveles interiores. En este templo arde la llama de la adoración a Dios y sus mensajeros. Ella es dirigida por el Arcángel Chamuel hacia los seres no ascendidos para animarlos al desarrollo y realización de su propio Plan Divino, y la llama es llevada hacia los humanos por las legiones del propio señor Chamuel.

## 31. ¿Quién es el Arcángel Gabriel?

R.—Segundo en importancia después del arcángel Miguel, el arcángel Gabriel gobierna el Primer Cielo, el más próximo a nuestro mundo. El papel de Gabriel (cuyo nombre significa "varón de Dios") como mensajero y portavoz del señor queda claramente de manifiesto en dos pasajes del Evangelio de San Lucas. Por tal razón, es conocido como El Mensajero Divino, por excelencia, es "aquel que trae grandes nuevas". Fue él quien anunció a Zacarías, esposo de Isabel, prima hermana de la Virgen María, el nacimiento del hijo de ambos, Juan, el Bautista. (La Biblia, Lucas 1). También fue Gabriel quien anunció a María, la encarnación del Verbo Divino en sus purísimas entrañas. El emblema de Gabriel es el lirio, que significa la concepción, y se dice que instruye a las almas durante los nueve meses que pasan en el útero, preparándolas para su llegada al mundo.

El Arcángel Gabriel se presentó en varias ocasiones al profeta Daniel. En una de esas ocasiones el arcángel se presentó en una visión; en otra, le anunciaba la llegada del Mesías y, finalmente, lo salvó de los leones.

Según muchos autores, es poco probable que entre las tareas de Gabriel esté la de velar por los simples mortales, aunque existen muchos testimonios de gente que ha visto "un varón de aspecto brillante, vestido de blanco" que les ha evitado algún peligro.

## 32. ¿Quiénes son los Eones?

R.—El tiempo, la eternidad. Son seres emanados o procedentes de la Divinidad. Entre los gnósticos, los Eones eran espíritus estelares, genios o ángeles.

## 33. ¿Cuál es la época lemúrica?

R.—Es el período durante el cual actuaron sobre los hombres varias jerarquías como Arcángeles y Señores de la Mente y de la Forma que le ayudaron marcando el nacimiento de la individualidad.

La época lemúrica está descrita en La Biblia como la obra del quinto día. Como esta época es la tercera, es en cierta forma una recapitulación del Período Lunar; agua, neblina ardiente y las primeras tentativas de movimiento y respiración vital.

En esta tercera época o lemúrica, el hombre tuvo su cuerpo de deseos y estaba constituido análogamente a un animal, puede decirse que era un hombre-bestia o una bestia en camino de ser hombre.

## 34. ¿Quién es el Arcángel Rafael?

R.—Su nombre significa "medicina de Dios" o "Dios ha curado" y se presenta a los hombres con apariencia humana y aspecto honorable. Se dice de él que es el protector del caminante, del viajero solitario que debe enfrentarse ante los peligros de una existencia o trance difícil.

Igualmente, se le invoca ante la enfermedad. En realidad, podría entenderse esta doble vocación —de curación y protección del caminante— bajo la óptica de la enfermedad como un largo camino que ha de emprender, casi siempre solo, el enfermo doliente hasta su curación.

Hay quienes le atribuyen poderes protectores de la infancia y lo relacionan con las buenas acciones de los ángeles de la guarda en curaciones de niños.

El Arcángel Rafael mantiene a innumerables legiones de sus ayudantes o ángeles servidores del Rayo Verde, ahí, donde las Huestes Angélicas son preparadas para servir, aprendiendo a absorber el poder curativo de Dios, reteniéndolo dentro de sí mismos para luego llevarlo a los seres que lo necesiten y lo pidan.

Al Arcángel Rafael corresponde también el consagrar a todos aquellos que se ocupan de servir a Dios y a la Humanidad en el mundo físico.

De manera oficial, Rafael rige el Segundo Cielo y comparte tareas de gobernación con el jefe del orden de las Virtudes Angélicas.

Tanto los arcángeles, como los querubines, serafines y demás huestes angélicas rítmicamente se ponen en adoración y atención ante su Fuente Divina, absorbiendo de dicha fuente las cualidades específicas que desean irradiar hacia otras vidas para elevarlas a la perfección. Se comprenderá ahora por qué se dice que la evolución angélica representa y distribuye, o emana, los sentimientos de Dios.

En la iconografía cristiana se suele representar al arcángel Rafael llevando de la mano el pez que se menciona en la historia de Tobías y un frasco con medicamentos.

Se cree que Rafael es el Ángel del Sol de los antiguos esenios, que proporcionaba al cuerpo el fuego de la vida. Como ángel de la Ciencia y del Saber recibió también la misión de guardar en el Edén el Árbol de la Vida.

## 35. ¿Quién es el Arcángel Uriel?

R.—Es el arcángel del suministro y él mismo afirma que sólo un pensamiento elevado hacia Dios y aún sólo pronunciar el nombre de Dios es como si lo invocaran a él.

Uriel está dentro de la más alta categoría de los arcángeles, como uno de los Cuatro Ángeles de la Presencia, Uriel se enfrenta con las almas de los pecadores, censurándoles a menudo sus acciones. Se le conoce como el Ángel del Arrepentimiento, y su nombre significa "Fuego de Dios". Su símbolo cristiano es una mano abierta que sostiene una llama.

Se dice que es el arcángel que estuvo a las puertas del Edén, blandiendo una espada de fuego. Al parecer preside también el terror y el trueno.

De acuerdo a la tradición cristiana, Uriel posee asimismo un aspecto más amable como Ángel de la Música.

Según el Antiguo Testamento, Uriel fue enviado por Dios para advertir a Noé del diluvio y, de acuerdo con la tradición hebraica, entregó la misteriosa Cábala a los judíos. Es también el ángel que interpreta las profecías.

## 36. ¿Quién es el ángel Metatron?

R.—En la tradición mística judía, sobre todo en la Cábala, Metatron es el ángel supremo, antepuesto incluso a Miguel. Su nombre significa "el más cercano al Trono", y en el mundo judeocristiano se le conoce como Príncipe del Rostro Divino, Ángel de la Alianza y Rey de los Ángeles, con la pesada responsabilidad del "Mantenimiento del Mundo", por lo que sus deberes se superponen a los de los arcángeles y otros ángeles.

Se cree que tiene treinta y seis alas, en grupos de seis, e innumerables ojos, que le son necesarios justamente para vigilar el mundo.

En el judaísmo, Metatron es también el Señor de la Canción Celestial.

Su figura de casi cuatro metros de altura es imponente y parte de su misión consiste en mostrarse implacable con aquellos que no lo obedecen.

Enoc, en su libro menciona que al final, Metatron fue trasladado a los cielos con carácter permanente. Allí, por orden de Dios, el arcángel San Miguel lo transformó en Metatron, ungiéndolo con aceite y vistiéndolo después como ángel. Dado que Enoc fue exaltado como escritor, Metatron se convirtió en el escriba celestial, que anota todo lo que sucede en los cielos.

## 37. ¿Existe el Ángel de la Guarda?

R.—Es difícil encontrar en las Escrituras referencias claras y concretas a los ángeles custodios o de la guarda, entendidas estas expresiones como aquellos seres espirituales y divinos encargados de la protección de hombres y mujeres como individuos.

De cualquier forma, sí es cierto que existe una gran tradición en el mundo cristiano acerca de los ángeles, vistos, con la evolución de los tiempos, como seres que protegen de la maldad al hombre puro, o al menos, al que dirige sus pasos hacia el camino de la rectitud.

La idea cristiana medieval de que cada individuo nace con un ángel de la guarda asignado, que permanece junto a su hombro derecho y constituye la voz de la consciencia, ha sido difundida de un modo espectacular por los ocultistas de la Nueva Era. Muchos de estos creen que es ciertamente posible comunicarse con este ser, y que de ello se derivan poderes mágicos considerables.

## 38. ¿De dónde surge la creencia de la existencia del Ángel de la Guarda?

Esta creencia ocultista proviene casi exclusivamente de un manuscrito muy curioso que data del siglo XV, llamado *La magia sagrada o el libro de Abramelín el mago,* que fue hallado en la Bibliothéque de l'Arsenal de París. Dicho libro describe una ceremonia que nos promete "conocer y conversar con el ángel de la guarda" de lo cual se deriva poder sobre los elementos y los demonios, que se ven entonces obligados a acatar nuestra voluntad. Se cree que esta ceremonia debe iniciarse en Pascua, y se requieren seis meses para completarla.

En realidad, la creencia del Ángel de la Guarda está muy relacionada con la necesidad de ofrecer protección a los recién nacidos, a los niños y a aquellos seres humanos que guardan en sí la pureza de la ingenuidad y que apenas se valen por sí mismos.

La tradición del ángel de la guarda ha cobrado una fuerza tremenda entre los cristianos. Es, en resumidas cuentas, esa necesidad de acceder o recurrir, en determinados momentos de duda, peligro o desánimo, a un ser cercano, todo espíritu, todo bondad.

### 39.—¿Es verdad que sólo los niños poseen Ángel de la Guarda?

R.—Todo parece indicar que los niños sí disponen de un ángel, que permanece en constante contacto con el Creador. Lo cual reafirma la idea de que serían los seres más desprotegidos, los niños, y los que sufren injustamente por las acciones de terceros, aquellos seres que por ingenuidad y ausencia de malicia la sociedad desplaza y margina, quienes más cerca tienen la presencia de un ángel protector.

### 40. En ese caso, los adultos hemos perdido a nuestro Ángel de la Guarda, ¿existe alguna forma de recuperarlo?

R.—Para recuperar la unión con nuestro espíritu protector, en primer lugar debemos frenar nuestra loca carrera por la vida; en lugar de correr, andar o, mejor aún, debemos "pasear" por la vida nuestros cuerpos para que el espíritu protector nos alcance.

## 41. ¿De qué manera puede lograrse esto?

R.—Escuchándonos a nosotros mismos, para saber cómo estamos realmente, qué necesitamos en verdad, de qué manera nos gustaría ser, qué queremos hacer. Todo ello para recuperar un poco el resurgimiento de esa energía y permitir el paso de la espiritualidad.

## 42. ¿Existe algún procedimiento más específico para lograr este reencuentro?

R.—Hay formas muy concretas para esto, por ejemplo en una primera fase se puede lograr de las siguientes maneras:

—Observar a los niños y comprobar cómo encaran la vida, con los ojos bien abiertos, dispuestos a asimilarlo todo, con ingenuidad, con ganas de conocer, sin los prejuicios típicos del adulto.

—Al llegar a casa, antes de cruzar el umbral, desprenderse de todos los problemas y las preocupaciones del hombre moderno.

—Quererse a uno mismo como se quiere a un niño, perdonándole sus errores, sus travesuras, siendo comprensivo.

Una segunda fase consistiría en esforzarse en conservar la energía de la juventud a través de cuidar la salud. La salud se recupera en la medida en que uno se propone y desea permanecer sano.

Una tercera y última fase consistiría en potenciar la sabiduría de la madurez. La madurez posee la enorme ventaja de servir de almacén a la sabiduría de la experiencia. Sin embargo, no hay que malgastar esa sabiduría, más bien al contrario, debemos siempre buscar la manera de potenciarla.

## 43. ¿Cómo actúa el Ángel de la Guarda?

R.—Por lo general, la acción de un Ángel de la Guarda suele ser individual, es decir, actúa sobre la persona que tiene encomendada, aunque se sabe de otras ocasiones en las que los ángeles ejercen su protección sobre una determinada familia o una comunidad.

### 44. ¿Se puede sentir o percibir la acción del Ángel de la Guarda?

R.—No es importante ser capaz de percibir o no la acción de un ángel; esto significa que no importa que uno no lo perciba o que note que "algo" raro está ocurriendo o ha ocurrido ya. Lo verdaderamente importante es disponer de la paz de espíritu necesaria para atraer la acción del ángel.

### 45. ¿Puede invocarse la aparición del Ángel de la Guarda en el momento necesario?

R.—No precisamente. Para que un ángel actúe tienen que darse poderosas razones; no podemos saber en qué instante y en qué circunstancias acudirá en nuestra ayuda el espíritu protector.

No basta con que uno pida la intervención de un ángel para que esta se produzca de inmediato y nos resuelva de inmediato nuestro problema.

## 46. ¿Cuáles son los llamados Tres Reinos?

R.—Coexisten tres reinos en el Kosmos que sirven juntos, evolucionando ascensionalmente hacia un plano más alto de perfección creciente. Ellos son El Reino Angélico, El Reino Humano y El Reino Elemental.

## 47. ¿Cómo es el Reino Angélico?

R.—El Reino Angélico está compuesto por aquéllos que solemos llamar Ángeles, en una forma generalizada. Ellos son espíritus puros y se diferencian de los humanos en que sus cuerpos están compuestos de una materia más sutil, una materia que podríamos llamar etérica, la cual los hace invisibles ante nuestros ojos.

El Reino Angélico está distribuido en tres grandes jerarquías. Los de la primera y más alta Jerarquía se designan en relación con las funciones que desempeñan.

Los primeros se llaman Serafines, porque están ante el trono de Dios abrasados en el fuego de su amor, que es la caridad. Otros son los querubines, quienes son un reflejo luminoso de la Divina Sabiduría y otros son los tronos o coros que proclaman constantemente la verdad y la hacen resplandecer.

Los de la segunda jerarquía reciben sus nombres de las operaciones que se les atribuyen en el gobierno general del Universo. Estas son las Dominaciones, quienes señalan a los ángeles de las órdenes inferiores de sus misiones y encargos; las virtudes que cumplen sus prodigios en interés al progreso humano y las potestades que protegen con su fuerza y su vigilancia el perfecto cumplimiento de las leyes que rigen el mundo físico y moral.

Los de la tercera categoría están encargados de la dirección de las sociedades y de las personas.

Ellos son los principados, que se ocupan de los gobernantes, naciones y provincias; los arcángeles, que transmiten los mensajes de alta importancia para la humanidad; y por último, los Ángeles Guardianes que nos acompañan, velando por nuestra seguridad y nuestra santificación.

## 48. ¿De qué están formados los ángeles?

R.—Todos los ángeles surgieron, al igual que nosotros, de la Gran Mente Universal, pero mientras nosotros tuvimos que tomar cuerpo de carne o materia física, los ángeles permanecieron en planos más sutiles que el físico. Así como los humanos estamos constituidos de piel, huesos, músculos, sangre, etc. Ellos están formados de luz, corriente electrónica, color, mente, voluntad, inteligencia y sentimientos. Por lo tanto, a veces se materializan ante nosotros y es posible verlos, hablar con ellos, pero no podemos tocarlos. (Véanse en La Biblia los pasajes de ángeles que visitan al Patriarca Abraham para anunciarle la próxima maternidad de su esposa Saraí y el Libro de Tobías). Son muchas las oportunidades en que los ángeles bajan al Reino Humano para transmitirle los mensajes de Dios o ayudarles a ejecutar alguna tarea. Los ángeles están formados especialmente de sentimiento, ellos son sentimiento.

## 49. ¿Qué son los serafines?

R.—De acuerdo a la metafísica, son una jerarquía de seres que en el Período Lunar despertaron el germen del espíritu humano en el Ego. Son los representantes del Fuego Divino y están encargados de despertar el sentimiento de Amor Divino en todos los seres humanos. Actúan bajo la dirección del Rayo Rosa.

Los serafines se encuentran entre los espíritus puros más cercanos a Dios, en el primero de los coros, y son seres que se distinguen por el ardor con que aman las cosas divinas y porque elevan al Creador a los espíritus inferiores.

Los serafines son seres dotados de seis alas y presentes siempre junto a Yahveh, sirvieron en esta ocasión para preparar al profeta para que recibiera el verbo del Creador y lo difundiera entre su pueblo.

De ellos se cree que son capaces de infundir el bien como ningún otro espíritu celestial, pues participan directamente de la bondad divina. El hecho de que las Escrituras sólo recojan en una sola ocasión la intervención de los serafines puede interpretarse en el sentido de que es tanta su majestad que no les son reservadas acciones junto al hombre salvo en ocasiones verdaderamente excepcionales.

El único libro en que se cita a los serafines en el Antiguo Testamento es el de Isaías.

### 50. ¿Qué son los querubines?

R.—La palabra proviene del hebreo *kerub*. Con ese nombre se designaba originalmente a unas figuras de toros alados, con cabeza humana, que decoraban y guardaban la entrada de los templos asirios.

Los querubines son ángeles del más alto prestigio, que permanecen muy cerca de Dios y que, en la Tierra, han de hacer funciones de protección. El hecho de que los antiguos asirios los colocaran a la entrada de sus templos indica que, con ello, se pretendía que entraran allí los representantes de la obscuridad y el mal.

La tradición judía recogió la creencia y convirtió los *kerubim* en guardianes alados, de gran belleza además, pues eran seres espirituales que permanecían cerca de Dios.

A ellos se les encargaba la custodia de los lugares sagrados y, al parecer no tienen otra función terrenal que la de mensajeros o portavoces divinos que tenían los ángeles o los arcángeles, es decir, no se aparecían al hombre ni le servían de guía.

Los querubines son una hueste de exaltados seres que en el Período Solar estuvieron activos en despertar el germen del espíritu de vida en el hombre. Están encargados de despertar la inteligencia en los seres humanos y tienen el deber de cuidar y guardar todo lo que se les encomiende. También son los que mantienen la Consciencia Crística en el hombre. Se mueven bajo la dirección del Rayo Dorado.

Los querubines son ángeles pertenecientes al primer coro y se caracterizan por la plenitud de ciencia con que contemplan la belleza divina.

## 51. ¿Qué son los tronos?

R.—Son también llamados los Señores de la Llama por su gran luminosidad; son una Jerarquía creadora que en el Período de Saturno despertó en el hombre el germen del Espíritu Divino y del cuerpo denso. Son los directores de las organizaciones humanas. Ayudan a formar el cuerpo físico, son los protectores de los poderes del hombre y de la Naturaleza. Trabajan en el Rayo Azul que representa la fe.

## 52. ¿Qué son las dominaciones?

R.—Regulan y dirigen las actividades de todos los Coros Angélicos. Se puede decir de ellos que son los policías divinos, aunque esta actividad represiva no existe en ese plano, ellos sencillamente regulan el orden.

**53. ¿Quiénes son los regentes de los puntos cardinales?**

R.—Los cuatro arcángeles regentes que presiden y gobiernan las fuerzas cósmicas de los puntos cardinales son:

| | |
|---|---|
| NORTE | Arcángel Gabriel |
| SUR | Arcángel Rafael |
| ESTE | Arcángel Miguel |
| OESTE | Arcángel Uriel |

**54. ¿Es verdad que los ángeles están relacionados con el reino de los insectos?**

R.—En cierta forma sí es verdad. Hay una orden angélica que ha evolucionado a través de la rama de los insectos. Las mónadas evolucionan a través de ese reino para llegar a ser arcángeles cósmicos y solares en asociación con ese Rayo Creador.

Así como a las mónadas que se manifiestan por medio de otras frases de la divina ideación son cuidadas protegidas por sus mayores en evolución, también lo son aquéllas cuyos Rayos encuentran encarnación en la forma de miles de pequeños insectos. Ellos pasan su existencia física haciendo todo lo que se les exige, en forma de mariposas, abejas, escarabajos, polillas, hormigas, etc. y pasan de los mundos suprafísicos primero como espíritus de la naturaleza, o sea de los elementos tierra, agua, aire y fuego, que son los últimos peldaños inferiores de la jerarquía angélica, más tarde ascienden a ser devas de los que los hindúes llaman Rupa y Arupa, o sea con forma y sin forma.

Las mónadas que pasan al través del Reino Insecto, son, pues, de igual importancia que toda otra manifestación de la existencia divina.

## 55. ¿Cómo define la tradición judía a los ángeles?

R.—Ya en el libro del Génesis, en el que se recoge la tradición de la creación del mundo por un único Dios eterno, omnisciente y omnipotente, aparece una diferenciación entre el bien y el mal y una categoría de espíritus que sirven a una u otra cosa.

Sin embargo, la información más completa sobre los ángeles en la tradición judía la encontramos en el libro de Enoc, el séptimo de los patriarcas de Israel; los define de la siguiente manera:

"Los ángeles existen desde el comienzo mismo del mundo, y eran entonces todos santos, seres espirituales, ángeles que formaban el ejército celestial, el ejército de Dios".

## 56. ¿Cuál es la misión de los ángeles, según esta misma tradición judía?

R.—Desempeñan una doble misión: por una parte, bendicen la majestad de Dios, lo glorifican y lo exaltan, y le sirven, además, por otra parte, como mensajeros y como intermediarios entre los ángeles malos, los hombres y el mundo que habitan.

Los ángeles escoltan a Dios y le sirven en su trato con los humanos como testigos de lo que sucede en el mundo. Asimismo, su apariencia es la de varones, es decir, con figuras de hombres, idea que contrasta con la del ángel de la doctrina cristiana, mucho más espiritual, menos materialista que la judía.

## 57. ¿Qué son las jerarquías celestiales?

R. Hay que aclarar que fue Dionisio, un filósofo griego del siglo V de la era cristiana, quien hizo un tratado sobre las Jerarquías Celestiales, basándose en las Escrituras. En él, Dionisio establecía nueve categorías o coros de espíritus celestiales, divididas en tres tríadas. De un modo esquemático, la primera tríada sería la más cercana al espíritu Supremo, a Dios, en el reino de los cielos: se trata de seres alados, los más puros de entre los espíritus del bien, que acompañan y ensalzan al Creador; sus tareas se escapan al conocimiento del hombre. La segunda categoría ocupa el interregno entre cielo y Tierra, y tampoco aparece descrita con claridad su función específica. La tercera tríada es la más mundana, la más cercana al hombre en la Tierra: juegan al parecer, un doble papel; velar por el hombre como individuo y, también, por el hombre en la sociedad, es decir, en comunidad, siendo así que protegen pueblos y naciones.

De esta manera, la jerarquía vertical de los espíritus de bondad se establece de la siguiente forma:

Primera tríada: serafines, querubines, tronos.

Segunda tríada: dominaciones, virtudes, potestades.

Tercera tríada: principados, arcángeles, ángeles.

Santo Tomás estuvo siempre de acuerdo con esta jerarquización de los espíritus celestiales.

## 58. ¿Qué son las jerarquías creadoras?

R.—Doce huestes de exaltados seres que intervienen ayudando a nuestra evolución. El primero y segundo orden de estos seres que cooperaron al principio, se dice que han pasado más allá del conocimiento de cualquiera de la Tierra, los nueve siguientes son los Serafines, Querubines, Tronos o Señores de la Llama, de la Sabiduría, de la Individualidad, de la Forma, de la Mente, Arcángeles y finalmente los Espíritus Virginales que constituyen la humanidad actual y forman una jerarquía por sí mismos. Además de estas huestes que trabajaron y aún algunas trabajan voluntariamente por nosotros, existen otras siete que pertenecen a nuestra evolución llamada Elohim.

## 59. ¿Quiénes son los ángeles de la salud?

R.—Como ya se ha citado con anterioridad, los ángeles de salud están gobernados por el arcángel Rafael. Son legión y abarcan una amplia gama de facultades y poderes, aunque para invocarlos no basta decir unas palabras, pensar en ellos o expresar simple y llanamente el deseo de una curación.

## 60. ¿Quiénes son los ángeles de la alegría?

R.—Los ángeles de la alegría nos son asignados desde que nacemos. De niños y de jóvenes permanecen junto a nosotros atraídos por nuestra naturalidad y por nuestra ingenuidad. Pero cuando llegamos a adultos generalmente nos abandonan, pues no entra dentro de sus facultades imponer a quien no la quiera una dosis de felicidad.

## 61. ¿Quiénes son los ángeles del bienestar?

R. - Son los ángeles del equilibrio. Rigen las energías de los seres vivos para neutralizar las negativas con las positivas. Sólo si nos empeñamos en el pesimismo, en verlo todo negro y sin solución el ángel del bienestar nos abandonará.

La gente que lo conoce suele acceder al ángel del bienestar cuando, por causas ajenas, se halla en situación comprometida, de estrés excesivo, de negatividad provocada por terceras personas por circunstancias adversas.

## 62. ¿Quíénes son los ángeles de lo cotidiano?

R. Están aquí. Los tenemos a un lado. En ocasiones gozamos de su favor sin que lleguemos a enterarnos, entre otras cosas porque estamos demasiado ocupados en nosotros mismos y en el mundo material que nos rodea para percibir como señal lo que interpretamos casi siempre como casualidad.

A veces sirven para que se cumpla el destino que nos ha sido asignado, y en esas ocasiones su influencia se nos antojará como un capricho de la naturaleza, una jugarreta del destino o un beneficio inesperado.

Es posible, con todo, hacer que se acerquen a nosotros, manteniendo una actitud positiva y desprendida, es decir, evitando todo egoísmo o interés exclusivamente personal; no sirven, por supuesto, para hacerse rico, para llamar la fortuna o la suerte.

## 63. ¿Quiénes son los ángeles del esfuerzo?

R. - Son aquellos a quien recurrir cuando uno cree que ya no puede más, que está al límite de sus fuerzas.

A ellos se les puede pedir el último empujón para alcanzar la cima, el último suspiro antes de desfallecer.

Requieren también de una actitud positiva ante la vida, pues de otro modo, si el esfuerzo ha de resultar inútil, se alejarán de quien los necesita.

Están muy cerca de los montañistas, pues estos ángeles se sienten atraídos por quienes son capaces de sacrificarse por un ideal, por una acción positiva.

## 64. ¿Quiénes son los ángeles de curación?

R.—Están cerca de nosotros si lo deseamos, de otra manera, se apartan con actitudes poco vitales como fumar en exceso, la ausencia de un adecuado descanso, una mala alimentación.

Quien se sienta enfermo y quiera tener acceso al ángel de curación debe saber, en primer lugar, que la enfermedad es una consecuencia en muchos casos de un acto negativo de un error del organismo, incluso de la mente, en el difícil equilibrio de la salud.

## 65. ¿Cuáles son los ángeles de la profesión?

R.—Son sumamente conocidos por aquellos profesionales, artesanos, artistas, escritores o creadores que imprimen a su obra, a su trabajo, una cierta carga espiritual. Quien sólo busque el lucro personal, la fama o el reconocimiento público, alejará de sí al ángel profesional.

No existen fórmulas precisas y concretas para ir al encuentro de estos ángeles. Se trata más bien de una actitud mental, de abrirse sin prejuicios a su influencia con el convencimiento de que despertará en la mente, sea cual sea el objeto a crear, las sensaciones necesarias para crearlo.

## 66. ¿Es verdad que los viajeros tienen su propio ángel?

R.—Quien haya viajado es muy seguro que ha gozado de la influencia positiva, aunque le haya sido negado reconocerlo. Eso da la medida de su fuerza. Lo tenemos junto a nosotros aunque no solicitemos su concurso.

De hecho, el adulto que viaja, sobre todo si lo hace al extranjero, es como un niño que se pierde de sus padres entre una multitud de desconocidos. Esta persona sufre un desamparo similiar al de un niño extraviado.

Y del mismo modo es la acción del viajero. Siempre aparece alguien , guiado quizá por este ángel, aporta su ayuda, o una solución al problema. Es lógico suponer, además, la influencia del ángel viajero con ángeles de curación, pues debe ayudar asimismo a resolver problemas de salud.

## 67. ¿Cuáles son los ángeles del encuentro?

R.—Sirven para hallar lo perdido; hacen que se reencuentren las personas, sobre todo, a propósito del destino que cada cual tiene marcado o por invocación directa ante una extrema necesidad.

Los ángeles del encuentro acuden en nuestra ayuda muchas veces sin que nosotros lo advirtamos.

## 68. ¿Quiénes son los ángeles de la naturaleza?

R.—Todos los seres vivos y los elementos de la naturaleza disponen de una energía espiritual comparable, salvando las distancias, a la del ser humano.

El equilibrio de la naturaleza no es más que el equilibrio entre los espíritus y las energías de las formas de vida y materia que la componen.

Para acercarse a los ángeles de la naturaleza hay que hacerlo con la clara intención de respetar el equilibrio de lo natural. No tiene caso que un cazador o un leñador reclamaran para sí los beneficios de estos ángeles.

## 69. ¿Cuáles son los ángeles del amor?

R.—A Cupido, el dios griego Eros, se le suele confundir con uno de los ángeles del amor, sobre todo porque se le representa con figura de niño y con alas, aunque en realidad es una deidad de origen griego que representaba el amor y la fertilidad.

Los ángeles del amor se encuentran entre los espíritus más puros y responden sólo ante la generosidad y la pureza de intenciones. Son capaces de atraer al ángel curador cuando una madre desespera al ver a su hijo enfermo; el ángel del amor acude a dar consuelo a quien ha perdido un ser querido, y es ese consuelo la esperanza de que el amor se reencontrará en el más allá.

El ángel del amor sirve también de mensajero entre los espíritus de dos personas que se quieren.

Finalmente, el ángel del amor es ese ser etéreo a quien se clama en silencio en la soledad, a quien se solicita el favor de un sentimiento no compartido.

Todo el mundo tiene derecho a un ángel del amor, y todo el mundo debería tener la obligación de acudir a él con más frecuencia.

**70. ¿Hay un número determinado de ángeles o se siguen multiplicando?**

R.—Según las primitivas enseñanzas judías, los ángeles no se multiplican. Todos los ángeles que existirán existen ya. Y todos ellos actúan sin descanso.

**71.—¿Cuántos ángeles existen dispuestos a ayudarnos?**

R.—No hay un límite respecto al número de ángeles capaces de acudir en nuestra ayuda.

**72.—¿Los ángeles nos acompañan todo el tiempo?**

R.—Los ángeles no son omnipresentes. Sólo pueden hallarse en un lugar en un determinado momento.

## 73.—¿Podría decirse que estamos siempre gobernados por ellos?

R.—Los ángeles no nos gobiernan, ni aprenden lecciones en beneficio nuestro. Poseen el don de inspirarnos y de enviarnos mensajes que nos ayuden en todos los aspectos de la vida. Nos inspiran a través de sus conocimientos y de sus ideas súbitas y brillantes.

## 74. ¿Quién es el ángel Raziel?

R.—Raziel significa “secreto de Dios” y a este importante personaje celestial se le llama Ángel de las Regiones Secretas y de los Misterios Supremos. Se le conoce mejor por su Libro del Ángel Raziel.

Nadie sabe dónde puede encontrarse este texto, al menos, en la Tierra. Pero se sabe que una versión oral forma parte de las tradiciones místicas de la Cábala.

En su obra, Raziel descifró mil quinientas claves de los misterios del Universo, pero por desgracia las reveló en un tipo de “lenguaje angélico”.

## 75. ¿Quién es el arcángel Saraqael?

R.—Conocido también como Sariel, el arcángel Saraqael, al igual que Raguel, vigila a sus compañeros celestiales. Enoc escribió que Saraqael es responsable del destino de los ángeles que violan las Leyes. Como Rafael, este arcángel también cura, y muchos creen que enseñó tales artes curativas a Moisés.

## 76. ¿Qué son los yinn?

R.— Los yinn son un tipo de ángeles de la tradición islámica. Sin embargo, se trata por así decirlo, de un grupo de ángeles rebeldes, mismos que sin alcanzar la categoría de demonios, es decir no son representantes del mal, tampoco están destinados al bien. Se trata de seres ambiguos que no gozan de equivalentes en la tradición judeocristiana y que si hubiera que definirlos con algún término sería el de *embaucadores.* Los yinn surgen del fuego sin humo. Son seres corpóreos, formados de llamas, están dotados de una inteligencia que no es perceptible por el ser humano y pueden presentarse de maneras muy distintas.

Por otra parte, la existencia de ángeles para los musulmanes es un artículo de fe. Son innumerables y todos ellos son seres de luz y habitan en el ámbito de la paz y la bondad.

## 77. Pero ¿acaso el Islam permite el culto a los ángeles?

R. El Islam prohíbe el culto o la devoción hacia los ángeles, y sólo disponen de nombre propio *Yabrail* (Gabriel) y *Mika'il* (Miguel); no se conoce la figura del ángel de la guarda como lo concibe el Cristianismo, es decir, el espíritu celestial encargado de la custodia de los individuos, de forma personalizada, con la capacidad de interceder, guiar y procurar por su bienestar o por su vida.

## 78. ¿Es verdad que el Islamismo surgió por la inspiración de un ángel?

R.—Así es, *Yabrail* —el arcángel Gabriel de las tradiciones judía y cristiana— inspiró a Mahoma, en algunas revelaciones de inspiración divina. Mahoma (que significa "el alabado" en lengua árabe), nació en el siglo VI de la era cristiana, en La Meca, en el seno de una importante y rica familia. Después de haber quedado huérfano de padre y madre, al realizar un viaje con su tío, tuvo contacto con un monje cristiano quien creyó ver en el pequeño las características de un profeta, premonición que marcaría la vida de Mahoma.

Por otra parte, El Corán es el libro sagrado por excelencia de los musulmanes, es para ellos la palabra de Alá, el único Dios, transmitida a Mahoma por el ángel *Yabrail.*

## 79. ¿Existe en el Islamismo el concepto de infierno?

R. El infierno es un castigo ya advertido, revelado por el Islam y que muchos blanden como una amenaza ante todos aquellos que no obren correctamente. Lo interesante es comprobar que tal advertencia viene por medio de un amonestador, tal vez un ángel, tal vez un yinn, un espíritu capaz de ponerse en contacto con el alma del hombre para recordarle lo que puede ocurrirle si se desvía del camino correcto.

El infierno del Islam recuerda en cierta manera al infierno babilónico. Dispone de siete puertas, por las que habrán de entrar distintas categorías de condenados. Estos serán recibidos a la entrada por un grupo de 19 ángeles.

## 80. ¿De qué manera está dividido el universo islámico?

R. Hay distintas categorías de ángeles en el universo islámico, aunque no se encuentra entre la palabra revelada a los profetas una clasificación clara y distintiva. Se conoce la existencia de una jerarquía de tronos, la más próxima a Alá, la que sostiene precisamente el trono sobre el que reposa Dios; también existe un ángel de la muerte, encargado de arrancar las almas de los muertos y otra clase más tiene el deber de guardar las puertas del infierno.

## 81. ¿Quién es el arcángel Raguel?

R.—Raguel significa "amigo de Dios", y como tal, este arcángel que aparece citado en el Libro de Enoc, lo trasladó a los cielos. Enoc lo describió tomando venganza del mundo de las luminarias, pero eso no significa que sus actividades sean únicamente de castigo. Es el encargado de juzgar a otros ángeles y de cuidar su buena conducta.

## 82. ¿Quién es el arcángel Remiel?

R.—Este arcángel recibe igualmente los nombres de Ramiel, Jeremiel y Fanuel. Su nombre significa "Dios alza" y "Rostro de Dios". Ambas denominaciones aluden a su tarea fundamental como ángel de la Esperanza. Es el encargado de conducir a las almas al Juicio y también de cuidar aquellas que aguardan la entrada en el Paraíso.

Se hace referencia a él en la Cábala, la obra del saber místico judío que incluye la vía del alma hacia Dios y su relación con los ángeles. Como encargado de las "visiones verdaderas", las interpreta en beneficio de los mortales.

## 83.—¿Quién es el ángel Anael?

R.—En las antiguas enseñanzas esenias, Anael se encuentra asociado con el Ángel del Aire, que lo insufla en el cuerpo. Gobierna el Tercer Cielo y es uno de los que rigen el orden de los Principados angélicos.

## 84. ¿Cómo entran los ángeles en nuestra consciencia?

R.—Se deslizan en nuestros pensamientos o en nuestros sueños. Pero también disponen acontecimientos, proporcionan personas y circunstancias que nos ayuden, e incluso se nos presentan bajo apariencia humana.

## 85. ¿De qué forma se manifiestan los ángeles?

R.—De muchas maneras. Se sabe que los ángeles son capaces de hablar. Pueden aparecer y reaparecer. Son capaces de experimentar emociones intensas. Pueden volverse visibles en cuanto lo desean. Pueden aparecer bajo cualquier forma que acepte nuestra imaginación.

## 86. ¿En qué circunstancias debemos llamarlos?

R.—No hay reglas cuando se trata de recibir ayuda del universo. Los ángeles de la guarda están siempre con nosotros y además hay otros listos a prestar un auxilio adicional. Es posible que intervengan en nuestro favor ya sea que lo pidamos o no.

Así se trate de algo grave o de poca importancia, siempre estarán en disposición de ayudarnos.

## 87. ¿Hay algo que los ángeles no puedan hacer por nosotros?

R—Como ya se ha mencionado antes, los ángeles sólo actúan una fuerza para el bien, así que no constituye ningún ejército vengador. Tampoco pueden perfeccionar la vida de nadie. Esa es una tarea individual. Pueden librarnos de daños, pero si no escuchamos lo que sentimos internamente e ignoramos sus avisos o sugerencias, es posible que pasemos ciertos apuros. Si uno no quiere escucharlos, por más que ellos se esfuercen, no podrán hacer nada por nosotros.

Cuando ellos realizan sus propias tareas, nos ayudan también en las lecciones que aprendemos de la vida. Por eso no nos proporcionan una existencia perfecta, encantadora y libre de confusiones. Si procediesen así, jamás aprenderíamos nada.

Con mucha frecuencia somos puestos a prueba para ver cuánto hemos aprendido. Un ángel no se pondrá en nuestro lugar para ser juzgado, pero sí es capaz de instruirnos de una manera muy especial, proporcionándonos más ayuda de la que nunca hubiéramos imaginado.

## 88. ¿Es necesario profesar alguna religión determinada para creer en los ángeles o recibir su ayuda?

R.—No, no hace falta profesar ninguna religión determinada para creer en la asistencia divina y recibir sus beneficios.

Lo único que se necesita es tener fe, cualquier tipo de fe, sintonizada con la divinidad. Fe en la madre Naturaleza, fe en ti mismo, fe en las obras del Universo.

## 89. ¿Cómo se establece contacto con los ángeles?

R.—Cuando existe la necesidad de comunicarse con ellos pueden seguirse una serie de pasos muy sencillos y concretos, a continuación mencionamos algunos:

a) Póngase físicamente cómodo. Con ropa holgada, acostado en un sitio agradable.

b) Elimine todo tipo de distracciones

c) Respire profunda y lentamente para relajarse. Visualice que al inhalar atrae sentimientos positivos, y al exhalar desecha los negativos.

d) Invoque antes que nada a Dios y déle gracias por todo.

e) Manténgase sereno, visualícese lleno de luz.

f) Repase mentalmente las razones por las cuales decidió acudir a ellos y bríndele su gratitud por adelantado.

**90. ¿Hay algo que no se debe hacer cuando se establece contacto con los ángeles?**

R.—Tenga siempre presentes estos puntos cuando piense en los ángeles:

a) No quieren que usted piense que ellos harán todo el trabajo por usted. Están dispuestos a colaborar con usted, pero no a sustituirlo.

b) No muestre una actitud negativa ni se concentre en la codicia, la rabia o el odio.

c) Jamás implore de ellos venganza.

d) No se deben adorar por encima de Dios.

**91. ¿Qué formas adoptan las respuestas de los ángeles?**

R.—Las respuestas pueden ser intuiciones, coincidencias o sencillamente una sensación de "conocimiento" de algo.

Muchas veces las respuestas son más concretas. Uno pide algo y esto surge.

Quizá no resulten evidentes de inmediato porque lleguen en partes o poco a poco a lo largo de un tiempo.

## 92.—¿Qué sucede si alguien quiere desoír sus mensajes?

R.—De cualquier modo, ellos seguirán tratando de establecer contacto con nosotros. De otra forma puede costar muy caro ignorarlos. Sólo así puede aprenderse la lección de obedecer y oír siempre sus mensajes.

Hay consecuencias cuando ignoramos descaradamente los mensajes o cuando somos incapaces de actuar como debiéramos tras recibirlos. Pero los ángeles no nos castigan por no escucharlos.

## 93. ¿Nos pueden ayudar sin que lo pidamos?

R.—Por supuesto. Ellos saben lo que pensamos, así que siempre pueden ayudarnos, muchas veces hasta antes de que se formule la petición. Proceden de acuerdo con lo que es bueno para nosotros o nos ayudan a aprender lecciones importantes.

Como sabemos, nos rescatarán o nos transmitirán la información necesaria para que nos salvemos. Esa es la razón de que la mayoría de las veces acudan en nuestro socorro, sin que lo hayamos pedido.

## 94. ¿Los ángeles son los espíritus de los muertos que regresan?

R.—No. Los espíritus que regresan son fantasmas; los ángeles son mensajeros de la divinidad. Como los ángeles, los fantasmas pueden presentarse como un pensamiento que asalta nuestra mente o como una sensación, o quizá como voces sin cuerpo o esferas de luz y, en ocasiones, en forma invisible. Pero siempre que llegan a materializarse, adquieren su forma anterior y esto es algo que no sucede con los ángeles.

Nadie que haya visto un ángel lo confunde con un fantasma. Los ángeles son cálidos, a diferencia de los fantasmas que son fríos. Quienes aseguran haberlos visto los describen como seres de luz iridiscente y brillante.

## 95. ¿Los ángeles son asexuados o pertenecen a algún sexo en especial?

R.—En la Biblia los primeros ángeles fueron hombres. Según se sabe tres ángeles se presentaron a Abraham. Parecían tres hombres comunes y corrientes. No tenían alas ni vestimentas brillantes, ni halos luminosos encima de sus cabezas.

En la tradición judía, los ángeles son masculinos en la tradición cristiana son andróginos. Cuando la Edad Media fue sucedida por el Renacimiento, que exaltaba la belleza física, los ángeles cristianos adoptaron un aspecto más etéreo y femenino.

## 96. ¿Es verdad que los ángeles tienen alas?

R.—Los ángeles del Antiguo Testamento no tenían alas, ni siquiera los judíos. Jacob, hijo de Isaac vio en un sueño-visión una escalera; por la que subían y bajaban varios de ellos, para realizar sus tarea entre el reino humano y el reino divino. Ninguno de ellos volaba.

**97. Se sabe que los ángeles caídos tienen relaciones sexuales con humanos. ¿Sucede esto con los ángeles del bien?**

R.—En los primeros relatos del Antiguo Testamento (Génesis), los ángeles permanecían cerca de la Tierra. Por lo que muchas veces tuvieron relaciones sexuales con las hermosas hijas de los hombres, lo que dio lugar a la creación de una nueva raza llamada "nefilim" (hombres famosos). Era una creencia corriente. Los griegos y otros pueblos también se aferraron a la idea de que ángeles y humanos podían tener relaciones íntimas y procrear. Sin embargo, hacia el año 600 a. C., cuando los judíos se encontraban presos en Babilonia, los ángeles y arcángeles se habían instalado en esferas espirituales más elevadas, a pesar de que ocasionalmente aparecieran entre los humanos.

Varios siglos después de Cristo, se creía que los ángeles permanecían por encima de toda unión sexual.

## 98. ¿Es cierto que les agrada disfrazarse?

R.—Aparentemente adoptan la forma que la persona ante quien aparecen está dispuesta a aceptar, y, a veces, deciden no adoptar ninguna; se presentan como un sueño, un pensamiento, un impulso de energía, una sensación de guía. No parecen ser ajenos a los hechos naturales.

Sin embargo, se sabe que ante ciertas personas se presentan con forma de animales. Ezequiel fue alimentado por los cuervos cuando estaba en el desierto.

## 99. ¿En algún momento de nuestra historia los ángeles dejaron de ser interesantes?

R.—Algunos siglos son más ricos que otros en angeología. En los siglos XII y XIII se destacaron la teología y la literatura; en los siglos XIV y XV, el arte europeo. Pero hacia las postrimerías del Renacimiento el interés por los ángeles decayó.

Martín Lutero se refería a sus guías como los "ángeles sagrados", pero en general, los protestantes no se interesaron por ellos. Calvino, por su parte, deploró que se especulara sobre ellos, puesto que consideraba que era una tarea inútil y sin sentido, ya que lo espiritual estaba siendo reemplazado por el entusiasmo que provocaba el Nuevo Mundo y los descubrimientos científicos.

**100. ¿Cuando morimos, qué pasa con nuestros ángeles protectores?**

R.—Nuestros ángeles de la guarda permanecen con nosotros después de la muerte para guiarnos, repasar las lecciones que hemos aprendido y ayudar a nuestras almas a seguir adelante.

# *Bibliografía*


BURNHAM, Sophie. *El Libro de los Ángeles.* Editorial Planeta. México 1996. 263 pp.

BURNHAM, Sophie. *Cartas sobre Ángeles.* Editorial Planeta. México 1993. 136 pp.

EQUIPO DE EXPERTOS OMICRON. *El Ángel de la Guarda.* Editorial de Vecchi. Barcelona 1995. 174 pp.

GEORGIAN, Linda. *Tus Ángeles Guardianes.* De. EDAF. Madrid 1994. 174 pp.

GOYA, de Carola. *Selecciones Metafísicas.* Tomo I, II, III y IV. De Lady Nada Inversiones. Caracas 1981.

ROZO DE ZUBILLAGA, Luz E. *Los Ángeles a Través de la Biblia.* Edit. Bienes Lacónica. Caracas 1995. 191 pp.

S/A. *Pequeño Gran Diccionario de Metafísica.* (Nueva Edición Corregida y Aumentada). Editora y Distribuidora Tomo II. México 1994. 260 pp.

# TÍTULOS DE ESTA COLECCIÓN

**Ángeles.** *Antología*

**Cuarzos y otras Piedras Curativas.** *May Ana*

**Los Chakras.** *Antología*

**El Secreto de la Felicidad, el Éxito y la Abundancia.** *M. A. Garibay*

**Guía Metafísica para ser Feliz.** *Antología*

**Mensajes para la Nueva Era.** *Martin Beyson*

**Metafisica Meditaciones de Luz.** *Gpo. Nueva Era*

**Metafísica para la Vida Diaria.** *Antología*

**Palabras Santas, Bendiciones, Decretos y Plegarias**

**¿Qué es el Karma?** *Antología*

**¿Qué es Metafísica?** *Antología*

**Reencarnación.** *Antología*

Impreso en Offset Libra

Francisco I. Madero 31

San Miguel Iztacalco,

México, D.F.